CARLOS MESTERS
FRANCISCO OROFINO

O CREDO
OS 12 ARTIGOS DA NOSSA FÉ

EDITORA
SANTUÁRIO

DIREÇÃO EDITORIAL:
Pe. Fábio Evaristo R. Silva, C.Ss.R.

COORDENAÇÃO EDITORIAL:
Ana Lúcia de Castro Leite

CONSELHO EDITORIAL:
Ferdinando Mancilio, C.Ss.R.
Marlos Aurélio, C.Ss.R.
Mauro Vilela, C.Ss.R.
Ronaldo S. de Pádua, C.Ss.R.
Victor Hugo Lapenta, C.Ss.R.

REVISÃO:
Bruna Vieira da Silva

DIAGRAMAÇÃO E CAPA:
Bruno Olivoto

Dados Internacionais de Catalogação na Publicação (CIP) de acordo com ISBD

M586c   Mesters, Carlos

O credo: os 12 artigos da nossa fé / Carlos Mesters, Francisco Orofino. - Aparecida, SP : Editora Santuário, 2019.
108 p. ; 11cm x 15cm.

ISBN: 978-85-369-0573-0

1. Bíblia. 2. Cristianismo. 3. Teologia Cristã. 4. Credo. 5. Fé. I. Orofino, Francisco. II. Título.

2018-1750

CDD 220
CDU 22

Elaborado por Vagner Rodolfo da Silva - CRB-8/9410

Índice para catálogo sistemático:
1. Bíblia 220
2. Bíblia 22

2ª impressão

Todos os direitos reservados à **EDITORA SANTUÁRIO** – 2023

Rua Pe. Claro Monteiro, 342 – 12570-045 – Aparecida-SP
Tel.: 12 3104-2000 – Televendas: 0800 - 16 00 04
www.editorasantuario.com.br
vendas@editorasantuario.com.br

Sumário

Introdução 5

Creio 7

1º artigo: Em Deus Pai todo-poderoso,
criador do céu e da terra 9

2º artigo: E em Jesus Cristo, seu único Filho,
Nosso Senhor 17

3º artigo: Que foi concebido pelo poder do
Espírito Santo; nasceu na Virgem Maria 27

4º artigo: Padeceu sob Pôncio Pilatos, foi crucificado
morto e sepultado; desceu à mansão dos mortos..... 35

5º artigo: Ressuscitou ao terceiro dia; subiu aos céus, está sentado à direita de Deus Pai todo-poderoso....45

6º artigo: Donde há de vir a julgar os vivos e os mortos 53

7º artigo: No Espírito Santo... 61

8º artigo: Na santa Igreja Católica 71

9º artigo: Na comunhão dos santos......................... 79

10º artigo: Na remissão dos pecados..................... 87

11º artigo: Na ressurreição da carne....................... 93

12º artigo: Na vida eterna 101

Amém 107

Introdução

Situando o Credo

Em nossas celebrações dominicais, logo depois da leitura do Evangelho e da homilia ou da partilha da Palavra, rezamos o Credo, professando publicamente nossa fé. Logo depois do Credo, na oração dos fiéis, pedimos a Deus por nossas intenções e pelas intenções da Igreja, da sociedade e da humanidade. Assim, pela recitação do Credo, não só confirmamos nossa fé nos ensinamentos da Palavra de Deus que acabamos de ouvir, mas também preparamos o coração para, nas preces, pedir maior fidelidade na fé, tanto para nós mesmos, como para os outros. A profissão da fé está no centro de nossa vida.

A profissão do Credo começa com esta afirmação básica de fé: **Creio em Deus**. Em seguida, nos doze artigos, explicitamos o conteúdo dessa fé. Os doze artigos refletem a tradição da comunidade cristã que, durante mais de dois mil anos, nos orientou na vivência da fé.

Essa longa tradição tem seu fundamento nos ensinamentos da Bíblia, tanto do Antigo quanto do Novo Testamentos, e que, ao longo dos séculos, foram sendo formulados pelos que orientavam o povo na prática da fé: os pais e as mães nas famílias, os animadores e as animadoras da fé nas comunidades, os padres e pastores nas paróquias, os bispos nas dioceses das várias igrejas cristãs.

Até hoje, são muitos os canais da transmissão da fé no convívio diário das pessoas: as orações, as práticas de piedade, as festas e as celebrações ao longo do ano litúrgico, a catequese, as exortações e os ensinamentos dos padres ou pastores, os sínodos, os concílios ecumênicos. É rezando e cantando, escutando e conversando nos encontros das famílias, das comunidades e das pastorais, que vamos assimilando na vida o conteúdo dos doze artigos do Credo.

Creio

O Credo começa com esta afirmação: **Creio**. Crer não é o mesmo que "saber" ou "conhecer". Crer indica a adesão a uma verdade, cujo fundamento não está em mim mesmo, mas na Palavra de Deus. Diz a Bíblia: "Quanto a você, permaneça firme naquilo que aprendeu e aceitou como certo; você sabe de quem o aprendeu. Desde a infância você conhece as Sagradas Escrituras; elas têm o poder de lhe comunicar a sabedoria que conduz à salvação pela fé em Jesus Cristo. Toda Escritura é inspirada por Deus e é útil para ensinar, para refutar, para corrigir, para educar na justiça, a fim de que o homem de Deus seja perfeito, preparado para toda boa obra" (2Tm 3,14-17).

Recitando o Credo, eu professo publicamente aquilo em que acredito. Nos doze artigos explicito doze vezes o conteúdo dessa minha fé, desse meu **Creio** em Deus. Eles me ensinam *quem* é o Deus em que nós cristãos acreditamos e *o que* a respeito dele professamos. Neste pequeno livro, vamos olhar de perto cada um dos doze artigos do nosso Credo.

1º Artigo
Em Deus Pai todo-poderoso, criador do céu e da terra

---

1. Os conteúdos do primeiro artigo

   a) Deus
   b) Pai
   c) Todo-poderoso
   d) Criador
   e) Do céu e da terra

2. Breve comentário dos conteúdos do primeiro artigo do Credo

a) Deus

Creio em Deus. No Brasil, mais de 90% da população crê em Deus: católicos, evangélicos, ortodoxos, muçulmanos, espíritas, budistas. Em nome de Deus se fazem as coisas mais diversas, coisas boas e coisas menos boas. Até agressões, vinganças e guerras são feitas em nome de Deus. O primeiro astronauta, dando a volta ao redor da Terra, disse: "Não encontrei Deus!" O lavrador que trabalha o campo nos dizia: "Encontro Deus em todas as coisas da minha vida!" No salmo, o fiel grita: "Deus, onde estás?" (Sl 42,4.11; 89,50; 115,2). Em outro salmo, o mesmo fiel diz a Deus: "Tu me envolves por detrás e pela frente, e sobre mim colocas tua mão. É um saber maravilhoso que me ultrapassa, é alto demais: não posso atingi-lo!" (Sl 139,5-6). Qual o mistério desse nosso Deus? É o mesmo Deus para todos? Os doze artigos do Credo são uma resposta segura a essas nossas perguntas e dúvidas.

b) Pai

O que caracteriza e define a Boa-Nova de Deus que Jesus nos trouxe é esta afirmação inicial do Credo: *Creio em Deus **Pai***. Já no Antigo Testamento, sobretudo durante o cativeiro na Babilônia (587-538 a.C.), aparece a afirmação de que Deus é Pai (cf. Is 22,21; 63,6.16; 64,7). Mas é, sobretudo, a experiência que Jesus teve de Deus como Pai, que marcou a passagem do AT para o NT. No AT, Deus é invocado como Pai 15 vezes. No NT, 245 vezes!

Jesus chamava Deus não só de Pai (Ab), mas também de Abba (Papai) (Mc 14,36): nome carinhoso que acentua a intimidade familiar, diária, e ressalta a proximidade da presença constante. Esse olhar sobre Deus como Pai é a raiz da Boa-Nova que Jesus nos trouxe. Deus não é uma ideia, uma teoria, uma coisa. Deus é alguém muito amigo que tem nome, que nos olha, nos acolhe, nos ama, e nunca se afasta de nós. Em um salmo se diz: "Yahweh[1] é tua sombra" (Sl 121,5). Mesmo querendo, você não consegue separar-se da sua sombra. Deus está sempre com você. Ele é e sempre será Emanuel, Deus conosco, Deus Pai, Abba, Papai! São Paulo escreve na carta aos Romanos: "Vocês não receberam um Espírito de escravos para recair no medo, mas receberam um Espírito de filhos adotivos, por meio do qual clamamos: Abba! Pai! O próprio Espírito assegura ao nosso espírito que somos filhos de Deus" (Rm 8,15-16). E na carta aos Gálatas ele escreve:

---

[1] Nota do editor: os estudiosos da Bíblia costumam usar o termo Yahweh como correspondente mais provável à pronúncia antiga usada para representar o Nome Sagrado. Os autores fizeram essa opção em diversas ocasiões ao longo desta obra.

"A prova de que vocês são filhos é o fato de que Deus enviou aos nossos corações o Espírito do seu Filho que clama: Abba, Pai! Portanto, você já não é escravo, mas filho; e se é filho, é também herdeiro por vontade de Deus" (Gl 4,6-7).

c) Todo-poderoso

A criança quando está com o pai sente-se acolhida. E quando fica sabendo que o pai é forte e poderoso, ela se sente protegida, sem medo. Certa vez, o menino entrou no ônibus com o pai e pegou no sono. Durante a noite, acordou. Tudo escuro, barulho do motor, muita velocidade, forte movimento nas curvas da estrada. O menino sentiu medo e começou a chorar. O pai acendeu aquela luzinha pequena que fica em cima dos assentos nos ônibus. O menino viu o rosto do pai, sorriu e dormiu de novo. A fé em Deus Pai todo-poderoso é essa luzinha que o Pai acende para todos nós durante a noite escura da nossa viagem pela vida.

d) Criador

Na época do cativeiro da Babilônia, século VI a.C., cresceu o uso da palavra *criar* para indicar a ação com que Deus nos acompanha na vida. No livro de Isaías a palavra **criar** indica não só a criação do céu e da terra, mas também e sobretudo a força com que Deus faz acontecer os fatos da história (cf. Is 48,6-7; Êx 34,10). A palavra **criar** – em hebraico se diz **bará** – indica uma ação poderosa, mais forte do que qualquer outra força neste mundo, mais forte que o poder opressor de Nabucodonosor, rei da Babilônia. Mais forte também que o poder do sistema neoliberal de hoje. É com essa ação criadora que Deus nos acompanha, todos os dias e em todos os momentos de nossa vida. É a luzinha da fé que clareia nosso caminho. Veja como os discípulos de Isaías, nas reuniões noturnas durante o cativeiro, animavam a esperança dos exilados por meio dessa fé na ação criadora de Deus: "Ergam os olhos para o céu e observem: quem criou tudo isso? Aquele que organiza e põe em marcha o exército das estrelas, chamando cada uma pelo nome. Tão grande é o seu poder e tão firme é a sua força, que ninguém deixa de se apresentar" (Is 40,26).

e) Do céu e da terra

Tudo que existe foi Deus quem o criou: o universo inteiro, *o céu e a terra*. Tudo é manifestação do poder criador de nosso Pai: tanto a beleza da criação, como os acontecimentos da história; tanto a trovoada que mete medo, como a brisa da tarde que alivia e abranda. Tudo! Não é possível imaginar algo que não seja "do céu e da terra". Onde quer que eu esteja, sempre me encontro na propriedade de meu Pai. Em qualquer lugar do mundo, estou sempre em casa.

Essa fé renovada do povo no Deus *Criador* abriu um novo horizonte, cujo alcance para a vida só se compara com o horizonte que a ressurreição de Jesus abriu para os discípulos desanimados no domingo da páscoa. Essa fé ajudou o povo exilado a superar o desânimo do cativeiro e a renovar a fé, a esperança e o amor. Gerou toda aquela renovação que até hoje transparece nos capítulos 40 a 66 do livro do profeta Isaías e em tantos outros escritos da Bíblia daquela época.

3. Breve meditação para assimilar este artigo de nossa fé

Deus é e permanece um mistério que nos ultrapassa. Nossas limitações, frente ao mistério de Deus, transparecem na própria Bíblia. Veja a pergunta que Jó se fazia a respeito do mistério de Deus:

"Oxalá eu soubesse como encontrar Deus,
como chegar até o seu tribunal!
Diante dele eu apresentaria a minha causa,
com a boca cheia de argumentos.
Então eu discutiria lealmente com ele,
e definitivamente ganharia a minha causa.
Mas, se vou para o oriente, ele aí não está.
Se vou para o ocidente, não o distingo.
Eu o procuro ao norte, e não o descubro.
Eu me volto para o sul, e não o vejo" (Jó 23,2-9).

Veja agora a resposta que um salmo oferece, sem desfazer o mistério:

"Para onde irei, longe do teu sopro?
Para onde fugirei, longe da tua presença?
Se subo ao céu, tu aí estás.
Se me deito no abismo, aí te encontro.
Se levanto voo para as margens da aurora,
se emigro para os confins do mar,
aí me alcançará tua esquerda, e tua direita me sustentará.
Se eu digo: "Ao menos as trevas me cubram,
e a luz se transforme em noite ao meu redor,
mesmo as trevas não são trevas para ti,
e a noite é clara como o dia" (Sl 139,7-12).

2º Artigo
**Em Jesus Cristo,
seu único Filho, Nosso Senhor**

1. Os conteúdos do segundo artigo

a) Jesus
b) Cristo
c) Seu único Filho
d) Nosso Senhor

2. Breve comentário dos conteúdos do segundo artigo do Credo

a) Jesus

Foi esse o nome que o anjo Gabriel tinha indicado para o filho de Maria (Lc 1,31). É o nome que ele recebeu no sétimo dia após o nascimento, dia de sua circuncisão (Lc 2,21). O nome civil era

"Jesus, filho de José de Nazaré" (Jo 1,45). Por esse nome ele era conhecido pelo povo. O nome *Jesus* é a forma grega do nome *Josué*. Significa *Deus salva* ou *salvação de Deus*. Josué foi o sucessor de Moisés. Depois dos 40 anos no deserto, foi ele quem ajudou o povo na travessia do Rio Jordão e o introduziu na Terra Prometida. O fato de Maria e José terem dado ao filho o nome de uma pessoa tão importante da história do povo de Deus revela neles uma consciência muito clara de pertença ao povo de Israel e uma vontade grande de querer colaborar com Deus na realização de seu plano de salvação.

b) Cristo

Cristo é uma palavra grega. Significa *Ungido*. Em hebraico se dizia *Messias*. É o título que indica a missão que Jesus realizou e pela qual ele é conhecido e amado até hoje. Ele mesmo se apresenta assim ao povo de Nazaré: "O Espírito do Senhor está sobre mim, porque ele me ungiu para anunciar a Boa-Nova aos pobres; enviou-me para proclamar a remissão aos presos e aos cegos a recuperação da vista, para restituir a liberdade aos oprimidos e para proclamar um ano de graça da parte do Senhor" (Lc 4,18-19). O título **Cristo** tornou-se tão comum que quase virou nome próprio. Para muitos, tanto faz chamá-lo de *Jesus* ou de *Cristo*. Aliás, são muitos os nomes que Jesus recebeu e continua recebendo. Os primeiros cristãos procuravam no AT nomes e títulos para expressar o que Jesus significava para eles. Até hoje é assim: quanto mais amada, mais nomes a pessoa recebe! Passando o pente pelo Novo Testamento, você descobre que Jesus recebeu muitos nomes e títulos. Só o evangelho de João traz mais de 45 títulos, nomes e adjetivos para Jesus. O mesmo vale para os evangelhos de Mateus, Marcos e Lucas e para os outros escritos do Novo Testamento.

c) Seu único filho

Para aprofundar sua fé de que em Jesus se realizaram as promessas, os primeiros cristãos liam o Antigo Testamento como sendo uma grande profecia que lhes falava de Jesus. Foi por meio da meditação de alguns textos do AT sobre a Sabedoria de Deus, que eles chegaram a essa formulação tão bonita de Jesus como *filho único de Deus*.

Eis o texto do AT, no qual a própria Sabedoria se apresenta a si mesma como gerada por Deus. Os primeiros cristãos liam este texto do livro dos Provérbios como sendo o retrato com que o próprio Jesus se apresenta para nós, dizendo:

"Yahweh me criou, primícias de sua obra, de seus feitos mais antigos. Desde a eternidade fui estabelecida, desde o princípio, antes da origem da terra. Quando os abismos não existiam eu fui gerada, quando não existiam os mananciais das águas. Antes que as montanhas fossem implantadas, antes das colinas, eu fui gerada; ele ainda não havia feito a terra e a erva, nem os primeiros elementos do mundo. Quando firmava os céus, lá eu estava, quando traçava a abóbada sobre a face do abismo; quando condensava as nuvens no alto, quando se enchiam as fontes do abismo; quando punha um limite ao mar: e as águas não ultrapassavam seu mandamento, quando assentava os fundamentos da terra. Eu estava com ele como mestre de obras, eu era seu encanto todos os dias, todo o tempo brincava em sua presença: brincava na superfície da terra, e me alegrava com os homens" (Pr 8,22-31).

Esse e outros textos do AT (cf. Eclo 24,1-12) ajudaram os primeiros cristãos a verbalizar e a aprofundar o mistério da Santíssima Trindade: Pai, Filho e Espírito Santo. Eis como Paulo, orientado por esses textos do AT e pela experiência pessoal de sua fé, apresenta Jesus para a comunidade de Colossas e para todos nós:

> *15 Ele é a Imagem do Deus invisível,*
> *o Primogênito de toda criatura,*
> *16 porque nele foram criadas todas*
> *as coisas,*
> *nos céus e na terra, as visíveis e*
> *as invisíveis:*
> *Tronos, Soberanias, Principados,*
> *Autoridades,*
> *tudo foi criado por ele e para ele.*
> *17 Ele é antes de tudo, e tudo nele subsiste.*
> *18 Ele é a Cabeça da Igreja, que é*
> *o seu Corpo.*
> *Ele é o Princípio, o Primogênito*
> *dos mortos,*
> *tendo em tudo a primazia,*
> *19 pois nele aprouve a Deus fazer*
> *habitar toda a Plenitude*

²⁰ *e reconciliar por ele e para ele*
todos os seres,
os da terra e os dos céus,
realizando a paz pelo sangue da
sua cruz (Cl 1,15-20).

d) Nosso Senhor

Nosso Senhor é de todos os nomes de Jesus o que mais impressionava os primeiros cristãos. Eis o que escreve Paulo a respeito desse nome: "Deus exaltou Jesus grandemente, e lhe deu o Nome que está acima de qualquer outro nome; para que, ao nome de Jesus, se dobre todo joelho no céu, na terra e debaixo da terra; e toda língua confesse que Jesus Cristo é o Senhor, para a glória de Deus Pai" (Fl 2,9-11).

O nome *Senhor* tem uma longa história. O nome com que o próprio Deus se apresenta a si mesmo é **Y**AHWEH. Inúmeras vezes ele afirma: "Eu sou Yahweh". "Este é o meu nome para sempre, e sob este nome eu serei lembrado de geração em geração" (Êx 3,15). O nome YAHWEH aparece mais de seis mil vezes no Antigo Testamento. Significa: *Estou com você! Deus conosco, Emanuel*. Para evitar que esse nome sagrado fosse pronunciado levianamente, eles combinaram de ler **Senhor** (em hebraico *Adonas*) todas as vezes onde, na Bíblia, lê-se a palavra Yahweh. Aplicando esse nome *Senhor* a Jesus, os primeiros cristãos expressavam sua fé de que Jesus é a prova definitiva de que Deus continua sendo Yahweh, Deus conosco, Emanuel, Nosso Senhor.

Nem todas as bíblias traduzem esse nome de Deus da mesma maneira. Algumas escrevem **Javé**. Outras escrevem *Iahweh* ou simplesmente Yahweh. A maioria escreve **Senhor**. É por isso que nós, aqui no Brasil, chamamos Jesus de **Nosso Senhor**.

Além do nome *Senhor*, os quatro títulos de Jesus que mais aparecem no NT e que mais expressam a fé dos primeiros cristãos são: *Cristo, Salvador, Servo e Filho do Homem*. Eles exprimem e verbalizam quatro aspectos da missão de Jesus: *realizar as promessas* dos profetas (Cristo); *salvar* a humanidade (Salvador); *servir aos irmãos* (Servo de Deus); *humanizar* a vida (Filho do Homem). No fim, o título que vai ser o resumo de tudo é *Filho de Deus* (Mc 1,1; 15,39).

3. Breve meditação para assimilar este artigo de nossa fé

No dia de Pentecostes (cf. At 2,34), para confirmar que Jesus é o Filho de Deus, Pedro rezou o Salmo 2:

1. Por que as nações se rebelam,
   e os povos planejam em vão?
2. Os reis da terra se revoltam e, unidos,
   os príncipes conspiram contra Javé
   e contra seu Messias:
3. "Rebentemos seus grilhões,
   sacudamos seu jugo!"
4. Aquele que habita no céu ri, Javé se
   diverte à custa deles.
5. E depois lhes fala com ira,
   confundindo-os com furor:
6. "Fui eu que consagrei meu rei
   em Sião,
   minha sagrada montanha!"
7. Vou proclamar o decreto de Javé!
   Ele me disse: "Você é meu filho,
   eu hoje o gerei.

8 Peça-me, e eu lhe darei as nações como herança,
os confins da terra como propriedade.
9 Você as governará com cetro de ferro,
e as quebrará como vaso de oleiro".
10 E agora, ó reis, sejam prudentes! Deixem-se corrigir, juízes da terra.
11 Sirvam a Javé com temor,
12 prestem-lhe homenagem tremendo, para que ele não se irrite, e vocês pereçam no caminho,
pois a ira dele se inflama depressa. Felizes aqueles que nele se abrigam!" (Sl 2,1-12).

3º Artigo
Que foi concebido pelo poder do Espírito Santo; nasceu da Virgem Maria

1. Os conteúdos do terceiro artigo

a) Foi concebido
b) Pelo poder do Espírito Santo
c) Nasceu
d) Da Virgem
e) Maria

2. Breve explicitação dos conteúdos do terceiro artigo do Credo

a) Foi concebido

Jesus não caiu pronto do céu. Ele é igual a nós em tudo, menos no pecado (Hb 4,15). Como todos nós, ele foi concebido, ficou nove meses crescendo no seio de Maria, sua mãe, e nasceu. Você pode analisar esses fatos da vida de Jesus com o olhar comum, sem a fé nos olhos. E você também pode analisá-los com o olhar da fé. É o que faz o evangelista Mateus quando descreve a concepção de Jesus e a atitude de São José. Ele conta como o Mistério do Plano de Deus foi se realizando em Maria e como Deus ajudou José a aceitar a gravidez de sua esposa: "José, seu marido, era justo. Não queria denunciar Maria, e pensava em deixá-la, sem ninguém saber. Enquanto José pensava nisso, o Anjo do Senhor lhe apareceu em sonho, e disse: 'José, filho de Davi, não tenha medo de receber Maria como esposa, porque ela concebeu pela ação do Espírito Santo. Ela dará à luz um filho, e você lhe dará o nome de Jesus, pois ele vai salvar seu povo de seus pecados. Tudo isso aconteceu para se cumprir o que o Senhor havia dito pelo profeta: 'Vejam: a virgem conceberá, e dará à luz um filho. Ele será chamado pelo nome de Emanuel, que quer dizer Deus está conosco'. Quando acordou, José fez conforme o Anjo do Senhor havia mandado: levou Maria para casa, e, sem ter relações com ela, Maria deu à luz um filho. E José deu a ele o nome de Jesus" (Mt 1,19-25).

b) Pelo poder do Espírito Santo

Diz o livro de Gênesis: "No princípio, Deus criou o céu e a terra. A terra estava sem forma e vazia; as trevas cobriam o abismo e o Espírito de Deus pairava sobre as águas. Deus disse: 'Que exista a luz!' E a luz começou a existir" (Gn 1,1-3). O Espírito de Deus animou por dentro a Palavra de Deus, e o mundo foi criado. Esse mesmo Espírito Criador que atuou na primeira criação, atuou na nova criação em Maria, a mãe de Jesus. "Ela ficou grávida pela ação do Espírito Santo" (Mt 1,18). E o Verbo se fez carne (Jo 1,14).

c) Nasceu

De novo, a insistência na humanidade de Jesus. Ele não apareceu já pronto no meio de nós. Nasceu, igual a todo e qualquer outro ser humano. Como todos nós, "crescia em sabedoria, em tamanho e graça, diante de Deus e dos homens" (Lc 2,52). Como todos nós "o menino crescia e ficava forte, cheio de sabedoria. E a graça de Deus estava com ele" (Lc 2,40).

Ao longo dos dois mil anos de história, desde Jesus até hoje, cada vez que surgiam tentativas para diminuir a humanidade ou a divindade de Jesus, os cristãos se reuniam em Concílio Ecumênico para combater como heresia as ideias que tentavam diminuir, seja a humanidade de Jesus, seja sua divindade.

d) Da Virgem

A expressão "nasceu da virgem Maria" vem de longe, desde o AT, desde os tempos do rei Acaz (736-716 a.C.). Acaz tinha matado a esperança de seu povo, quando sacrificou ao falso deus Baal seu único filho que devia dar continuidade à dinastia de Davi. Matando o filho, ele deixou o povo sem futuro. O profeta Isaías tentou animá-lo, mas Acaz já não foi capaz de crer em Deus (Is 7,10-12). Aí, Isaías disse para ele: "A jovem (virgem) concebeu e dará à luz um filho e tu o chamarás pelo nome de Emanuel" (Is 7,14). Como se quisesse dizer: "Deus não nos abandonou! Ele fará renascer a esperança que você matou, pois um outro filho já está a caminho para nascer". O evangelho de Mateus diz que estas palavras de Isaías se realizaram no nascimento de Jesus: "Tudo isso aconteceu para se cumprir o que o Senhor havia dito pelo profeta:

'Vejam: a virgem conceberá, e dará à luz um filho. Ele será chamado pelo nome de Emanuel, que quer dizer Deus está conosco' (Mt 1,22-23). E Lucas complementa: "Para Deus nada é impossível" (Lc 1,37).

e) Maria

O evangelho de Lucas afirma com certa solenidade: "E o nome da virgem era Maria" (Lc 1,27). *Maria* ou *Miriam* era o nome da irmã de Moisés. Com Jocabed, a mãe, e com a ajuda da princesa egípcia, Maria salvou a vida de Moisés, seu irmão mais novo. Diz a Bíblia: "A filha do Faraó recolheu Moisés e o criou como seu próprio filho. Assim Moisés foi iniciado em toda a sabedoria dos egípcios e era poderoso no falar e no agir" (At 7,21-22; Êx 2,1-10). Desse modo, graças à iniciativa e à esperteza de Maria, sua irmã, Moisés foi preparado para realizar sua missão como libertador do povo de Deus. Jesus é o novo Moisés, o novo libertador, que nasceu graças à disposição de Maria, sua mãe, que disse: "Eis aqui a serva do Senhor; faça-se em mim segundo a tua palavra" (Lc 1,38).

3. Breve meditação para assimilar este artigo de nossa fé

O cântico de louvor e de gratidão de Maria na visita que fez à sua prima Isabel:

⁴⁶ Minha alma proclama a grandeza do Senhor,
⁴⁷ meu espírito se alegra em Deus, meu salvador,
⁴⁸ porque olhou para a humilhação de sua serva.
Doravante todas as gerações me felicitarão,
⁴⁹ porque o Todo-poderoso fez em mim maravilhas:
santo é o seu nome,
⁵⁰ sua misericórdia chega aos que o temem, de geração em geração.
⁵¹ Ele realiza prodígios com seu braço: dispersa os soberbos de coração,
⁵² derruba do trono os poderosos e eleva os humildes;
⁵³ sacia de bens os famintos, e despede os ricos de mãos vazias.

⁵⁴ Socorre Israel, seu servo,
lembrando-se de sua misericórdia,
⁵⁵ conforme prometera aos nossos pais
em favor de Abraão e de sua descendência,
para sempre" (Lc 1,46-55).

4º Artigo
Padeceu sob Pôncio Pilatos, foi crucificado, morto e sepultado; desceu à mansão dos mortos

1. Os conteúdos do quarto artigo

a) Padeceu
b) Sob Pôncio Pilatos
c) Foi crucificado
d) Morto
e) Sepultado
f) Desceu à mansão dos mortos

2. Breve comentário dos conteúdos do quarto artigo do Credo

a) Padeceu

Dizendo que Jesus "padeceu", o Credo evoca a profecia do Servo Sofredor (Is 52,13-53,12). Várias vezes, o próprio Jesus já tinha dito que ele devia sofrer, morrer e ressuscitar no terceiro dia. Mas os discípulos não foram capazes de entender esse sofrimento (Mc 8,31-32; 9,31-32; 10,33-34). Pedro chegou a dizer a Jesus: "Deus não o permita, Senhor! Isso jamais te acontecerá!" Jesus respondeu: "Afasta-te de mim, Satanás!" (Mt 16,22-23). Na Bíblia, satanás ou satã é aquele que desvia uma pessoa do caminho de Deus. Jesus procurou ajudar os discípulos a entenderem melhor o caminho de Deus. Na Transfiguração, diante de Pedro, Tiago e João, ele conversou com Moisés e Elias sobre a sua paixão e morte em Jerusalém. Assim ficou claro para eles que tanto a Lei (Moisés) como a Profecia (Elias) confirmavam Jesus em sua missão e mostravam que o caminho para a glória da transfiguração passa pela cruz. Mas os três discípulos estavam dormindo (Lc 9,32). Não é fácil acreditar no valor libertador do sofrimento.

b) Sob Pôncio Pilatos

O povo costuma dizer: "Fulano entrou na história como Pilatos no Credo". É para dizer: "O fulano não tem nada a ver com a história". Na realidade, Pilatos tinha tudo a ver com a história da paixão e morte de Jesus na cruz. Pois Jesus foi condenado e executado pelo império romano, cujo representante oficial era Pilatos que mandou escrever na cruz, em três línguas, a causa da condenação: INRI, **I**esus **N**azarenus **R**ex **I**udaeorum (Jesus Nazareno Rei dos Judeus). A condenação de Jesus foi feita a pedido das autoridades do povo judeu que insistiram com Pilatos para que condenasse Jesus. Pilatos acabou atendendo ao pedido deles e lavou as mãos (Mt 27,24). A mulher de Pilatos ainda tentou demovê-lo (Mt 27,19). O povo judeu gostava de Jesus e nunca teria pedido a morte dele. Foi exatamente o fato de o povo gostar tanto de Jesus que levou as autoridades judias a pedir que ele fosse crucificado (Jo 11,47-51). Mas a responsabilidade última é do império romano, representado por Pilatos.

c) Foi Crucificado

A morte na cruz era um terrível castigo, inventado pelo império romano para dissuadir qualquer um a querer rebelar-se contra o poder central do imperador. Uma pessoa condenada à morte de cruz era flagelada e maltratada pelos soldados. A flagelação dos judeus era de 40 batidas menos uma. A flagelação dos romanos era sem limites, até o soldado cansar de bater. Depois da flagelação, o condenado devia carregar a cruz até o lugar chamado Calvário, onde era suspenso na cruz. Ficava aí exposto, totalmente nu, com terríveis dores, até morrer asfixiado. O corpo ficava pendurado na cruz até apodrecer ou ser comido pelos bichos. Só se podia tirar o corpo com licença do governador. José de Arimateia teve a coragem de pedir licença a Pilatos, e colocou o corpo de Jesus em um túmulo novo (Mt 27,57-60).

Eram 9 horas da manhã quando crucificaram Jesus (Mc15,25). Jesus morreu às 3 horas da tarde (Mc 15,33). Ficou seis horas agonizando na cruz. Em algumas das antigas imagens da cruz, pode-se ver uma pequena caveira pregada na madeira, bem embaixo dos pés de Jesus. A caveira simbolizava a caveira de Adão que assim recebia as gotas do sangue redentor que caíam dos pés de Jesus. Aquela caveira de Adão é a caveira de todos nós. O sangue de Jesus nos libertou. Bonito símbolo!

d) Morto

É significativa a insistência dos evangelhos em afirmar que Jesus morreu. É que alguns achavam que Jesus, sendo Deus, não podia morrer. Mas os quatro evangelhos insistem em dizer que Jesus morreu mesmo (Mt 27,50; Mc 15,37; Lc 23,46; Jo 19,30). O evangelho de João ainda acrescenta que um soldado com a lança perfurou o lado de Jesus (Jo 19,34). A carta aos Hebreus diz: "Durante sua vida na terra, Cristo fez orações e súplicas a Deus, em alta voz e com lágrimas, ao Deus que o podia salvar da morte. E Deus o escutou, porque ele foi submisso. Embora sendo Filho de Deus, aprendeu a ser obediente por meio de seus sofrimentos. E, depois de perfeito, tornou-se a fonte da salvação eterna para todos aqueles que lhe obedecem" (Hb 5,7-9). A carta diz que Jesus invocou a Deus "que o podia salvar da morte e que Deus o escutou, porque ele foi submisso" (Hb 5,7). Por isso, alguns diziam que a morte de Jesus era apenas aparente (*docetismo*). Mas Deus não impediu a morte. Pelo contrário! Ele transformou a morte de Jesus em ressurreição! Paulo escreve aos cristãos da comunidade de Filipos: "Jesus foi obediente até à morte e morte de Cruz. Por isso Deus o exaltou!" (Fl 2,8-9). Faz parte da profissão de nossa fé: crer na morte de Jesus. Negar sua morte seria negar sua humanidade.

e) Sepultado

A sepultura evoca a palavra de Deus a Adão: "Você é pó, e para o pó voltarás!" (Gn 3,19). Deus se fez carne em Jesus e habitou entre nós (Jo 1,14). Jesus viveu nossa vida, morreu nossa morte. Seu corpo, como o corpo de todo ser humano, foi sepultado, entregue à terra. Jesus disse a respeito de sua própria morte: "Eu garanto a vocês: se o grão de trigo não cair na terra e não morrer, ficará sozinho. Mas se morre, produz muito fruto" (Jo 12,24). Mistério da nossa fé!

f) Desceu à mansão dos mortos

Aqui precisamos ter presente a visão que, naquela época, o povo de Israel tinha da vida após a morte. Eis o salmo de um moribundo daquela época que rezava: "Sou visto como quem baixa para a cova, tornei-me homem sem forças, tenho minha cama entre os mortos, como as vítimas que jazem no sepulcro, das quais já não te lembras, porque foram arrancadas de tua mão. Jogaste-me no fundo da cova, em meio às trevas do abismo.

Teus furores me cercam como água o dia todo, e todos juntos me envolvem de uma vez. Tu afastas de mim meus parentes e amigos, e as trevas são minha companhia" (Sl 88,5-8.18-19). Segundo esse salmo, os falecidos desciam no Sheôl para "viver entre os mortos". São muitos os nomes para designar o lugar dos mortos: Sheôl, Geena, Hades, Inferno, Abismo, Tumba, Sepulcro.

A mansão dos mortos era o lugar onde, segundo a crença dos primeiros cristãos, a humanidade ficava aguardando a ação salvadora de Jesus. Jesus, o primogênito de Maria (Lc 2,7), o unigênito do Pai (Jo 1,14), o primogênito de toda a criatura (Cl 1,15), é também o primogênito dentre os mortos (Cl 1,18). Descendo à mansão dos mortos, ele foi abrir a porta e, subindo, levou-os consigo para o paraíso: "Hoje mesmo estarás comigo no Paraíso" (Lc 23,43).

3. Breve meditação para assimilar este artigo de nossa fé

A profecia de Isaías sobre o Servo Sofredor, realizada em Jesus:

³ "Homem das dores, acostumado a sofrer.
A gente desviava o rosto para não vê-lo,
deixava-o de lado e não fazia caso dele.
⁴ Mas eram nossas as dores que ele carregava,
nossos os sofrimentos que ele suportava!
E nós o considerávamos como um leproso,
ferido por Deus, humilhado por Ele.
⁵ Na realidade, ele estava sendo castigado
por nossos crimes,
e esmagado por nossas faltas.
O castigo que nos traz a paz caiu sobre ele
e em suas chagas encontramos nossa cura.
⁶ Todos nós andávamos desgarrados como
ovelhas,
cada qual seguindo seu caminho,
e o Senhor carregou sobre ele os crimes de
todos nós.
⁷ Maltratado, ele resignou-se, não abriu
a boca.
Como um cordeiro que se deixa levar ao
matadouro,
como uma ovelha de que se corta a lã,
ele ficava mudo e não abria a boca.

⁸ Sem defesa e sem julgamento, foi levado
embora.
Não havia ninguém para defendê-lo.
Sim, ele foi arrancado do mundo dos vivos,
foi ferido por causa dos crimes de seu
povo.
⁹ Foi enterrado com os criminosos,
recebeu sepultura entre os malfeitores,
ele que nunca cometeu crime algum
e que nunca disse uma só mentira!"
(Is 53,3-9).

E a profecia de Isaías termina nesta prece tão bonita que ele faz pelo Servo de Deus:

¹⁰ Oh! Senhor, que teu Servo,
quebrado pelo sofrimento, possa agradar-te!
Aceita sua vida como sacrifício de expiação!
Que ele possa ver seus descendentes,
ter longa vida,
e que teu Projeto se realize por meio dele!"

5º Artigo
Ressuscitou ao terceiro dia; subiu aos céus, está sentado à direita de Deus Pai todo-poderoso

---

1. Os conteúdos do quinto artigo

  a) Ressuscitou
  b) Ao terceiro dia
  c) Subiu aos céus
  d) Está sentado à direita de Deus
  e) Pai todo-poderoso

2. Breve comentário dos conteúdos do quinto artigo do Credo

a) Ressuscitou

Voltou a viver. A notícia da ressurreição foi transmitida por meio do testemunho das mulheres, às quais Jesus apareceu por primeiro e às quais deu a ordem de levar a notícia para os outros (Mt 28,9; Mc 16,9; Lc 24,8-11; Jo 20,14-18). Até então, a morte era o limite. Nunca ninguém tinha conseguido transpor essa barreira. Diz o Salmo: "O homem não pode comprar seu próprio resgate, nem pagar a Deus o preço de si mesmo. É tão caro o resgate da vida, que nunca bastará para ele viver perpetuamente, sem nunca ver a cova" (Sl 49,8-10). Jesus já tinha falado várias vezes que ia ser morto, e que iria ressuscitar (Mt 16,21; Mc 8,31; Lc 9,22). Mas os discípulos não entenderam essa fala sobre a ressurreição. Ultrapassava a capacidade do entendimento deles (Lc 18,34; Mt 16,22; Mc 32). O mesmo aconteceu com os filósofos de Atenas quando o apóstolo Paulo falou para eles sobre a ressurreição dos mortos. Eles deram risada e foram embora (cf. At 17,32). Mas Jesus ressuscitou! Quebrou a barreira! Voltou a viver! "A morte foi engolida pela vitória. Morte, onde está tua vitória?" (1Cor 15,54-55).

Voltou a viver, sim, mas a condição em que Jesus agora se encontra é totalmente diferente da condição anterior à sua morte. Agora, ele aparece e desaparece, sem as limitações de antes. Difícil para nós entendermos uma das expressões dos primeiros cristãos para explicar esse fenômeno era a palavra *metamorfose* (*transfiguração*) (Mt 17,2; Mc 9,2). Essa palavra vem da biologia. A lagarta se fecha no casulo. Lá dentro, ela faz a metamorfose (transformação) e surge como borboleta. Ao entrar no casulo, ela não sabe como será sua condição após sair do casulo. Nós também, entrando no casulo do túmulo, sabemos que vamos ter um corpo transfigurado, "espiritual" (1Cor 15,44), com as perfeições do corpo glorioso do Cristo Ressuscitado, mas, por ora, não sabemos como será esse nosso corpo ressuscitado, vivendo na eternidade (cf. 1Cor 15,35-38). Mistério da nossa fé!

b) Ao terceiro dia

Jesus já tinha dito várias vezes que iria ressuscitar "depois de três dias" (Mc 8,31; 9,31; 10,34). Qual o significado desse *terceiro dia* na formulação do 5º artigo do Credo? É para dizer que Jesus realizou a profecia de Oseias. Os primeiros cristãos se esforçavam em mostrar como tudo tinha acontecido "conforme as Escrituras". O profeta Oseias tinha dito: "Venham, voltemos a Yahweh: ele nos despedaçou, mas ele nos vai curar; ele nos feriu, mas ele vai atar nossa ferida. Em dois dias ele nos fará reviver, e no **terceiro dia** nos fará levantar, e passaremos a viver na sua presença" (Os 6,1-2). Anunciando que Jesus ressuscitou no terceiro dia, os cristãos mostravam como o plano de Deus estava se realizando. Os grandes impérios do mundo podiam até pensar que eles eram os donos do mundo e os senhores da história. Na realidade, eles eram e são executores do plano de Deus, anunciado pelos profetas.

c) Subiu aos céus

Jesus subiu aos céus à vista de todos e desapareceu (Lc 24,51; At 1,9). Aqui não se trata de um voo aéreo em direção às nuvens que poderia ser filmado. Trata-se da nova condição de vida na qual Jesus agora se encontra. Subir aos céus é desaparecer em Deus. Evoca o arrebatamento do profeta Elias em um redemoinho (2Rs 2,11) e lembra Henoc que "andou com Deus, depois desapareceu, pois Deus o arrebatou" (Gn 5,24). Era uma maneira para dizer que Jesus voltou para sua origem divina junto ao Pai, a fim de realizar a promessa que fez:

"Eu não deixarei vocês órfãos, mas voltarei para vocês" (Jo 14,18.28). "Eu lhes digo a verdade: é melhor para vocês que eu vá embora, porque, se eu não for, o Advogado não virá para vocês. Mas se eu for, eu o enviarei" (Jo 16,7). "Quando vier o Espírito da Verdade, ele encaminhará vocês para toda a verdade, porque o Espírito não falará em seu próprio nome, mas dirá o que escutou e anunciará para vocês as coisas que vão acontecer" (Jo 16,13). O próprio Jesus rezava ao Pai: "Saí de junto de ti e volto a ti, Pai Santo" (Jo 17,8.11).

O novo estado de vida em que Jesus agora se encontra traz em si uma promessa para nós: "Pai, aqueles que tu me deste, eu quero que eles estejam comigo onde eu estiver, para que eles contemplem a minha glória que tu me deste, pois me amaste antes da criação do mundo" (Jo 17,24).

d) Está sentado à direita de Deus

Deus é o Juiz. Ele está sentado no alto do seu Trono. Ao lado esquerdo do juiz, está o *Promotor*, aquele que acusa, chamado *Satã* ou Satanás. Ao lado direito, está o *Defensor*, o advogado, chamado *Goêl*. Diante do Juiz está o acusado, a humanidade, todos nós.

O Juiz, depois de escutar a acusação do promotor (*Satã*) e a defesa do advogado (*Goêl*), costuma pronunciar a sentença. Mas aqui aconteceu um imprevisto.

Jesus, por sua morte na cruz, anulou a acusação que pesava contra nós, pagou nossa dívida e, ressuscitando, esvaziou o poder do acusador, do Satã (cf. Cl 2,13-15). Por isso, Satã, "o acusador de nossos irmãos, aquele que os acusava dia e noite diante de nosso Deus, foi expulso" (Ap 12,10). "Não se encontrou mais lugar para ele no céu" (Ap 12,8). Miguel, com seus anjos, expulsou-o do mundo lá de cima (Ap 12,7-9). Agora, está tudo pronto para o julgamento, para o Juízo Final. Julgamento totalmente diferente: sem promotor, sem acusação, e Jesus, o advogado, vai ser o Juiz como diz o sexto artigo de nosso Credo.

Quantas vezes, no passado, não se colocava medo no povo ameaçando-o com a sentença do Juízo Final. Medo, por quê? É que tínhamos esquecido que no Juízo Final não haverá promotor que acusa, nem acusação que nos condena, e onde o próprio Jesus, nosso advogado, vai ser o Juiz, indicado por Deus "para julgar os vivos e os mortos"! Será um julgamento diferente mesmo!

e) Pai todo-poderoso

É a segunda vez que o Credo menciona o *Pai todo-poderoso*. Esse poder do Pai todo-poderoso, Senhor da vida e da morte, já se tinha manifestado em Jesus naqueles três anos em que ele andou pela Galileia. Anunciando a Boa-Nova de Deus, Jesus ressuscitou a filha de Jairo (Mc 5,41-42), devolveu a vida ao filho único da viúva de Naim (Lc 7,14-15) e resuscitou Lázaro, irmão de Marta e Maria (Jo 11,43-44). Esse mesmo Jesus torna-se agora nosso Juiz. O Pai todo-poderoso entregou o julgamento a Jesus, nosso advogado. Com outras palavras, a justiça será orientada pela misericórdia do Pai, o Deus da vida. O defensor do povo vai ser o nosso Juiz! Assim Deus Pai o decretou!

3. Breve meditação para assimilar este artigo de nossa fé

No Salmo 110, Deus declara a Jesus: *Senta-te à minha direita!*

¹ Oráculo de Javé ao meu senhor: "Sente-se à minha direita,

e eu farei de seus inimigos o estrado de
seus pés".
² Desde Sião, Javé estenderá o poder de
seu cetro:
submeta na batalha seus inimigos.
³ "Você é príncipe desde o dia de seu
nascimento,
entre esplendores sagrados.
Eu mesmo o gerei, como orvalho, antes
da aurora."
⁴ Javé jurou e jamais desmentirá:
"Você é sacerdote para sempre, segundo a
ordem de Melquisedec".
⁵ O Senhor está à sua direita e esmagará os
reis no dia da ira.
⁶ Pronunciará a sentença contra as nações,
amontoará cadáveres,
e esmagará cabeças por toda a imensidão
da terra.
⁷ Em seu caminho beberá da torrente,
por isso levantará a cabeça.

6º Artigo
Donde há de vir a julgar os vivos e os mortos

1. Os conteúdos do sexto artigo

a) De onde há de vir
b) A julgar
c) Os vivos e os mortos

2. Breve explicitação dos conteúdos do sexto artigo do Credo

a) De onde há de vir

Jesus subiu aos céus, mas voltará, e voltará como Juiz para julgar os vivos e os mortos. Os primeiros cristãos achavam que o retorno de Jesus seria logo, ainda durante a vida deles (1Ts 4,15). Mas estava demorando muito e alguns se queixavam.

A segunda carta de Pedro responde dizendo que para Deus um dia é igual a mil anos, e mil anos são iguais a um dia (2Pd 3,9; Sl 90,4). Havia muita discussão sobre o dia do retorno de Jesus e do Juízo final. Jesus, ele mesmo já havia esclarecido: "Quanto a esse dia e a essa hora, ninguém sabe nada, nem os anjos no céu, nem o Filho. Somente o Pai é quem sabe" (Mc 13,32). Estamos esperando até hoje. Antes do ano 2000 se dizia: "De mil passou, de dois mil não passará!" Já passamos ano 2000, e ainda não voltou. Você pergunta: "Então, como devo entender o retorno de Jesus?"

Jesus já voltou. Ele volta sempre, todos os dias, a toda hora, de muitas maneiras, mas a gente não o percebe, nem se dá conta, por falta do colírio da fé nos olhos. Diz o evangelho de João: "A Palavra estava no mundo, o mundo foi feito por meio dela, mas o mundo não a conheceu. Ela veio para a sua casa, mas os seus não a receberam" (Jo 1,10-11). Muitas pessoas querem saber: se Jesus já voltou, onde posso encontrá-lo? Até no Juízo Final, ainda haverá gente que vai perguntar: "Senhor, quando foi que te vimos com fome e te demos de comer, com sede e te demos de beber? Quando foi que te vimos como estrangeiro e te recebemos em casa, e sem roupa e te vestimos? Quando foi que te vimos doente ou preso, e fomos te visitar?" (Mt 25,37-39). A resposta que vão receber continua sendo a mesma que Jesus deu: "Eu garanto a vocês: todas as vezes que vocês fizeram isso a um dos menores de meus irmãos, foi a mim que o fizeram" (Mt 25,40). E ainda há gente que pergunta: "Quando é que Jesus vai voltar?" É o colírio da fé nos lhos que ajuda a perceber o retorno, a presença e os apelos de Jesus na vida. O julgamento, o Juízo Final, já está acontecendo. E o confirmamos em nossas celebrações: "Ele está no meio de nós!"

b) A julgar

Jesus voltará para julgar os vivos e os mortos. Jesus vem para julgar; não vem para condenar. Ele mesmo diz: "Eu não condeno quem ouve minhas palavras e não obedece a elas, porque eu não vim para condenar o mundo, mas para salvar o mundo. Quem me rejeita e não aceita minhas palavras, já tem o seu juiz: a palavra que eu falei será seu juiz no último dia" (Jo 12,47-48). Jesus não condenou a mulher adúltera: "Nem eu te condeno!" (Jo 8,11).

No Juízo Final, ele não julga nem condena, mas apenas separa as pessoas de acordo com o jeito de viver delas. "Quando o Filho do Homem vier na sua glória, acompanhado de todos os anjos, então se assentará em seu trono glorioso. Todos os povos da terra serão reunidos diante dele, e ele separará uns dos outros, assim como o pastor separa as ovelhas dos cabritos. E colocará as ovelhas à sua direita, e os cabritos à sua esquerda" (Mt 25,31-33). "Pois Deus amou de tal forma o mundo, que entregou seu Filho único, para que todo o que nele acredita não morra, mas tenha a vida eterna. De fato, Deus enviou seu Filho ao mundo, não para condenar o mundo, e sim para que o mundo seja salvo por meio dele. Quem acredita nele, não está condenado; quem não acredita, já está condenado, porque não acreditou no nome do Filho único de Deus" (Jo 3,16-18).

c) Os vivos e os mortos

Jesus ressuscitado é o Juiz Supremo dos vivos e dos mortos. Como entender essa afirmação? Pois os vivos e os mortos são muitos bilhões de seres humanos que nasceram e viveram desde que a raça humana surgiu e apareceu neste nosso planeta? A maior parte deles nunca ouviu falar de Jesus. Como entender que Jesus vem como juiz para julgar os vivos e os mortos?

Jesus não se impõe, não julga nem condena. Não procura vencer com os argumentos da razão ou da força para se impor e pedir submissão. Ele não quer *vencer*, ele procura *convencer*. Sem ter autoridade, ele falava com autoridade, diferentemente das autoridades daquela época (Mc 1,22.27). Ele convence pelo testemunho. Irradia amor. Para Jesus, o que vale é a defesa dos valores humanos. Ele preservou, defendeu e incentivou a vida defendendo os valores humanos e não preceitos doutrinários. Ele disse: "Eu vim para que tenham vida, e a tenham em abundância" (Jo 10,10). Jesus comunicava uma imagem de Deus que tocava em algo que existe no mais fundo do coração de todo ser humano. Como dizia o papa Leão Magno: "Jesus foi tão humano como só Deus pode ser humano". Sua profunda humanidade arrasta e convence os que, como ele, procuram ser humanos. Diante dele caem nossas máscaras e aparece a verdade. "Quem é pela verdade escuta minha voz!" (Jo 18,37).

3. Breve meditação para assimilar este artigo de nossa fé

O hino do Apocalipse descreve a vitória de Jesus:

¹⁵ Quando o sétimo Anjo tocou a trombeta,
vozes bem fortes começaram a gritar no céu:
"A realeza do mundo passou agora
para Nosso Senhor e para o seu Cristo.
E Cristo vai reinar para sempre".
¹⁶ Os vinte e quatro Anciãos
que estão sentados em seus tronos
diante de Deus ajoelharam-se
e adoraram a Deus. Eles diziam:
¹⁷ "Nós te damos graças,
Senhor Deus Todo-poderoso,
Aquele-que-é e Aquele-que-era.
Porque assumiste o teu grande poder
e passaste a reinar.
¹⁸ As nações tinham se enfurecido,
mas chegou tua ira
e o tempo de julgar os mortos,
de dar recompensa aos teus servos, os
profetas, aos santos

e aos que temem teu nome, pequenos e grandes,
e o tempo de destruir os que destroem a terra" (Ap 11,15-18).

7º Artigo
No Espírito Santo

1. Os conteúdos do sétimo artigo

a) Espírito
b) Santo

2. Breve comentário dos conteúdos do sétimo artigo do Credo

a) No Espírito

A formulação do sétimo artigo do Credo é bem curta: *Creio no Espírito Santo*. Nada mais! No primeiro artigo, falando do Pai, o Credo diz: "Creio em Deus Pai todo-poderoso, criador do céu e da terra". Para formular o conteúdo da fé a respeito de Jesus, o Filho, o Credo usa cinco artigos, do 2º ao 6º. Aqui, a respeito do Espírito Santo, a terceira pessoa da Santíssima Trindade, o Credo não explicita nada. Apenas diz: *Creio no Espírito Santo*. Apesar de curto, trata-se de um conteúdo muito abrangente. Diz o livro da Sabedoria: "O espírito do Senhor enche o universo inteiro, dá consistência a todas as coisas e tem conhecimento de tudo o que se diz" (Sb 1,7). A própria palavra *Espírito* o sugere. Ela traduz a palavra grega *pneuma* e a palavra hebraica *ruah*, que podem significar: vento, espírito, ar, hálito, sopro, respiração. A ação do *Espírito* é como a respiração: sabendo ou não, você respira o tempo todo, sem você se dar conta. Se não respirasse, nem que fosse por dez minutos, você estaria morto. Sem o Espírito Santo de Deus nada subsiste, nada sobrevive.

A experiência da vida no Espírito foi de uma total novidade para os primeiros cristãos. Foi como uma nova criação (Gl 6,15; 2Cor 5,17), um novo nascimento (Jo 3,3-7), uma verdadeira ressurreição (Rm 6,4; Fl 3,10). Compenetrou toda a vivência da fé das primeiras comunidades. Essa novidade ainda transparece na maneira de Lucas descrever o começo da história da Igreja. Escrito nos anos 80 ou 90, o livro dos Atos os Apóstolos, ainda permite perceber como os cristãos, a uma distância de 40 a 50 anos, guardavam uma imagem muito viva da ação do Espírito no início da Igreja. A ação do Espírito aparece mais de sessenta vezes, e a ele se atribui tudo, desde o documento do primeiro Concílio Ecumênico (At 15,28) até o rumo das viagens dos missionários (cf. At 16,6-7). Eis um breve resumo:

* O Espírito é a força que desce do alto, provoca uma mudança radical nos discípulos e os transforma em testemunhas vivas de Jesus para o mundo inteiro (At 1,8).

* A descida do Espírito no dia de Pentecostes é como um *"batismo"* (At 1,5; 11,16), prometido pelo Pai, garantido por Jesus e enviado por ele (At 1,4.8),

* O Espírito é ventania forte em forma de línguas de fogo (At 2,1-3), toma conta das pessoas, faz com que soltem a língua e anunciem as maravilhas de Deus (At 2,11).

* Comunica coragem para anunciar a Boa--Nova (At 4,31), e faz perder o medo (At 4,8.19). Confere uma identidade nova como testemunhas vivas de Jesus (At 5,32; 15,28).

* Receber o Espírito é a nova porta que introduz as pessoas no povo de Deus, na comunidade, sejam elas judias ou gregas (At 10,44-47; 11,18; 15,8).

* Ter o dom do Espírito é condição para se poder exercer a *diaconia*, o ministério, os serviços (At 6,3).

* As Comunidades são cheias da consolação do Espírito e de alegria (At 9, 31; 13,52).

* A identificação do Espírito com a Comunidade é tal que mentir à Comunidade é o mesmo que mentir ao Espírito Santo (At 5,3.9).

* A experiência da vida no Espírito era tão forte e atraente, que algumas pessoas queriam adquirir o dom do Espírito por meio de dinheiro (At 8,19).

* O Espírito é conferido pelo batismo (At 2,38), pela imposição das mãos (At 8,18; 9,17; 19,6), pela oração (At 8,15). A oração até provoca um novo Pentecostes (At 4,31).

* O Espírito também se manifesta sem intermediário e provoca surpresa e revisão do rumo da Comunidade, como no caso da conversão de Cornélio (At 10,44-48; 11,16; 15,8-9).

* Há pessoas em que a presença do Espírito é mais atuante: Pedro (At 4,8), Estêvão (At 6,5), Barnabé (At 11,24), Ágabo (At 11,28; 21,11), Paulo (At 13,9), Apolo (At 18,25).

* Pelo Espírito, os discípulos têm o pressentimento do que vai acontecer (At 20,22-23; 21,4).

* O Espírito Santo faz de tudo, desde a redação do documento final do Concílio (At 15,28) até a definição do roteiro de viagem dos missionários (At 16,6.7): faz com que Estevão tenha coragem de ir até o martírio (At 7,55); manda Pedro ir para a casa do Cornélio (At 10,19; 11,12); conversa com Filipe e o leva de um lugar para outro (At 8,29.39); fala na comunidade apontando novo rumo de ação (At 13,2); envia Paulo e Barnabé em missão (At 13,4); anima Paulo a tomar a decisão de voltar para Jerusalém (At 20,22); coloca pessoas para coordenar a comunidade (At 20,28) etc.

Essa descrição da *Vida no Espírito* revela duas coisas aparentemente opostas entre si. Por mais extraordinária que tenha sido, a experiência do Espírito Santo nas primeiras comunidades estava encarnada em ações ordinárias e comuns da vida de todos os dias: falar, rezar, caminhar, viajar, orientar, cantar, criticar, decidir, ficar alegre, crescer, anunciar, servir, etc. Com outras palavras, essa maneira de Lucas descrever os fatos sugere que o aspecto extraordinário da presença atuante do Espírito está escondido no ordinário da vida de cada dia e é lá que deve ser descoberto pelo olhar da fé. No caso de uma pessoa recusar o ordinário e querer insistir só no extraordinário ou no mágico, ela é criticada e até condenada, como foi o caso de Simão Mago (At 8,9-24) e da comunidade de Corinto (1Cor 14,1-40). Por isso, as descrições da ação do Espírito na vida das comunidades devem ser vistas não como fotografias, mas como raio-X. Isto é, o olhar de fé dos cristãos descobre o que a olho nu não se percebe; descobre no ordinário e comum da vida a ação extraordinária do Espírito de Deus.

O Espírito também é simbolizado pela água viva: "Se alguém tem sede, venha a mim, e aquele que acredita em mim, beba. É como diz a Escritura: 'De seu seio jorrarão rios de água viva'. Jesus disse isso, referindo-se ao Espírito que deveriam receber os que acreditassem nele. De fato, ainda não havia Espírito, porque Jesus ainda não tinha sido glorificado" (Jo 7,37-39). E na conversa com a Samaritana, Jesus esclarece: "A água que eu lhe darei, vai se tornar dentro dele uma fonte de água que jorra para a vida eterna" (Jo 4,14).

b) Santo

Na última ceia, Jesus rezou ao Pai pelos discípulos: "Santifica-os na verdade; tua palavra é verdade. Como tu me enviaste ao mundo, também eu os enviei ao mundo. E, por eles, a mim mesmo me santifico, para que sejam santificados na verdade" (Jo 17,17-19). Por sua obediência até à morte, e morte de Cruz, Jesus se santificou, fazendo de si mesmo uma doação total. O Espírito Santo de Jesus é essa doação que ele fez de si e é esse espírito de doação que ele comunica para nós, para que nós também nos santifiquemos. E a única maneira para conseguir o dom do Espírito é a oração: "O Pai do céu dará o Espírito Santo àqueles que o pedirem" (Lc 11,1).

Nos séculos seguintes, a afirmação do Credo a respeito do Espírito Santo foi se ampliando, associando a ação do Espírito com a Palavra criadora de Deus e com sua ação ao longo da história. Eis o texto do Credo Niceno-Constantinopolitano (Século IV): "Creio no Espírito Santo, Senhor que dá a vida, e procede do Pai e do Filho; e com o Pai e o Filho é adorado e glorificado: ele que falou pelos profetas".

3. Breve meditação para assimilar este artigo de nossa fé

Espírito Santo de Deus!
Vento Santo de Deus!
Hálito Santo de Deus!
Sopro Santo de Deus!
Respiração Santa de Deus!
Eis como o livro da Sabedoria descreve a ação do Espírito Santo:

[5] O espírito santo, que educa, foge da fraude,
afasta-se dos pensamentos insensatos,
e é expulso quando sobrevém a injustiça.
[6] A sabedoria é um espírito amigo dos seres humanos,
mas não deixa impune quem blasfema com os lábios,

porque Deus é testemunha de seus
sentimentos,
observa de fato a sua consciência
e ouve as palavras de sua boca.
7 O espírito do Senhor enche o universo,
dá consistência a todas as coisas
e tem conhecimento de tudo o que se diz.
8 Por isso, quem fala coisas injustas
não escapará dele,
e a justiça vingadora não o poupará
(Sb 1,5-8).

8º Artigo
Na santa Igreja Católica

1. Os conteúdos do oitavo artigo

  a) Santa
  b) Igreja
  c) Católica

2. Breve explicitação dos conteúdos do oitavo artigo do Credo

a) Santa

A santidade é o atributo de Deus. Deus é três vezes santo. Diz o livro de Isaías: "Santo, Santo, Santo é Yahweh dos Exércitos, a sua glória enche toda a terra" (Is 6,3). Quanto mais perto do fogo, mais calor você vai sentir. Quanto mais perto de

Deus mais santidade teremos. Deus disse a Moisés: "Diga a toda a comunidade dos filhos de Israel: 'Sede santos, porque eu, Yahweh, vosso Deus, sou santo'" (Lv 19,1). Por isso, a Igreja é Santa, o povo de Deus é *Povo Santo* (Is 62,12; Sb 10,15). É *santo* não por próprio mérito, mas por causa de sua proximidade com o Deus *Santo*. Em sua carta, Pedro escreve: "Vocês são raça eleita, sacerdócio régio, nação santa, povo adquirido por Deus, para proclamar as obras maravilhosas daquele que chamou vocês das trevas para a sua luz maravilhosa" (1Pd 2,9).

Mas a Igreja é composta por nós, pessoas humanas, onde o pecado abafa a santidade. Por isso, o apóstolo Paulo insiste, para que os cristãos se santifiquem, e ele indica o caminho de como realizar a santificação. Ele diz: "Como escolhidos de Deus, santos e amados, vistam-se de sentimentos de compaixão, bondade, humildade, mansidão, paciência. Suportem-se uns aos outros e se perdoem mutuamente, sempre que tiverem queixa contra alguém. Cada um perdoe o outro, do mesmo modo que o Senhor perdoou vocês" (Cl 3,12-13).

b) Igreja

A palavra *Igreja* (*ecclesia*) significa, literalmente, *assembleia convocada para sair*. Ou seja: chamada para iniciar uma nova caminhada, uma nova saída, um novo Êxodo. Como o povo do AT, a Igreja deve viver em estado permanente de saída, de Êxodo. O papa Francisco retoma esse sentido quando nos convoca para ser *uma Igreja em saída*. A Igreja, a Comunidade, não pode viver voltada sobre si mesma, olhando o próprio umbigo. Deve abrir-se. A *saída* é a marca da *missão* que recebemos de Jesus. Diz o evangelho de Marcos: "Jesus subiu ao monte e chamou os que desejava escolher. E foram até ele. Então Jesus constituiu o grupo dos Doze, para que ficassem com ele e para enviá-los a pregar, com autoridade para expulsar os demônios" (Mc 3,13-15). Ele nos chamou para três coisas: (1) estar com ele, isto é, formar comunidade; (2) ir em missão, isto é, para sair de si e ser uma *comunidade missionária;* comunidade que não é missionária não é igreja *cristã*. (3) expulsar demônios, isto é, expulsar tudo aquilo que desumaniza, desagrega e separa as pessoas de si mesmas, dos outros e de Deus.

c) Católica

A palavra *católica* significa universal. Universalidade existe quando todas as suas partes convivem na igualdade. Por ser *católica* ou *universal*, a Igreja não pode aceitar as limitações que vigoram no mundo e separam as pessoas: limitações de gênero (homem ou mulher), limitações sociais (escravo ou livre), limitações étnicas (judeu ou grego), limitações culturais (civilizado e bárbaro). Paulo diz: "Vocês todos são filhos de Deus pela fé em Jesus Cristo, pois todos vocês, que foram batizados em Cristo, se revestiram de Cristo. Não há mais diferença entre judeu e grego, entre escravo e homem livre, entre homem e mulher, pois todos vocês são um só em Jesus Cristo" (Gl 3,26-28).

Indica também o outro aspecto da catolicidade. Várias vezes, Paulo se refere à igreja que se reúne na casa de fulano ou sicrano: na casa de Áquila e Priscila (Rm 16,3-5; 1Cor 16,19), de Filólogo e Júlia (Rm 16,15), de Ninfas (Cl 4,15), de Filemon e Ápia (Fm 2). Mesmo sendo só dois já é igreja católica, universal. "Onde dois ou três estão reunidos em meu nome eu estarei no meio deles" (Mt 18,20). Uma comparação: um turista estava em uma gruta nas altas montanhas lá no Peru, onde pingavam do teto umas gotas de água. Apontando as gotas, perguntou ao guia: "O que é isto?". O guia respondeu: "É o Rio Amazonas!" Era a nascente do Rio Amazonas. Sem aqueles *pingos de água*, não haveria Rio Amazonas. Sem os *dois ou três* reunidos em nome de Jesus não haveria Igreja. A reunião de duas ou três pessoas é a nascente da Igreja. Sem essa nascente, o rio da Igreja seca.

A catolicidade ou universalidade da Igreja está expressa nestas palavras solenes de Jesus que definem nossa missão: "Toda a autoridade foi dada a mim no céu e sobre a terra. Portanto, vão e façam com que todos os povos se tornem meus discípulos, batizando-os em nome do Pai, e do Filho, e do Espírito Santo, e ensinando-os a observar tudo o que ordenei a vocês. Eis que eu estarei com vocês todos os dias, até o fim do mundo" (Mt 28,19-20).

A missão consiste em ir pelo mundo inteiro e fazer discípulos de Jesus. *Discípulos*, e não alunos! Aluno tem professor; discípulo tem mestre. Jesus não é professor. É mestre. Mestre convive e, convivendo, irradia sabedoria. Professor dá aula em horários marcados conforme programas estabelecidos. Discípulos convivem com o mestre, vinte quatro horas por dia. Convivendo com o mestre, eles vão escutando e assimilando o ensinamento na convivência diária.

A catolicidade implica o respeito pela multiplicidade cultural dos povos. É o contrário da padronização que reduz todos ao modelo europeu. Clemente de Alexandria dizia: "Deus salvou o judeus judaicamente, os gregos gregamente, os bárbaros barbaramente". Se ele vivesse hoje, acrescentaria: "e os brasileiros brasileiramente".

3. Breve meditação para assimilar este artigo de nossa fé

O Salmo 67(66) é o salmo da catolicidade:

2   Deus tenha piedade de nós e nos abençoe,
    fazendo sua face brilhar sobre nós,
3   para que na terra se conheça teu caminho,
    e em todas as nações tua salvação.
4   Que os povos te celebrem, ó Deus,
    Que todos os povos te celebrem.

5 Que as nações se alegrem e exultem,
porque julgas o mundo com justiça,
julgas os povos com retidão,
e governas as nações da terra.
6 Que os povos te celebrem, ó Deus.
Que todos os povos te celebrem.
7 A terra produziu seu fruto:
é o Senhor nosso Deus que nos abençoa.
8 Que Deus nos abençoe,
e todos os confins da terra o temerão!

9º Artigo
Na comunhão dos santos

1. Os conteúdos do nono artigo

a) Comunhão
b) Dos Santos

2. Breve explicitação dos conteúdos do nono artigo do Credo

a) Na Comunhão

A definição mais bonita da Comunhão dos Santos está nesta descrição da vida dos primeiros cristãos: "Eles eram perseverantes no ensinamento dos apóstolos, na comunhão fraterna, no partir do pão e nas orações" (At 2,42). São quatro as características da Comunhão: o ensinamento dos apóstolos, a comunhão fraterna, o partir do pão, as orações.

1ª característica:
O Ensinamento dos apóstolos

O ensinamento dos Apóstolos indica o *quadro de referências* da vida em comunidade. O ensinamento dos apóstolos não é uma doutrina a ser decorada nem um catálogo de dogmas a serem aceitos sob pena de excomunhão, mas é a nova interpretação da vida e da Bíblia a partir da experiência que os apóstolos tiveram da ressurreição de Jesus. Os primeiros cristãos tiveram a coragem de romper com a doutrina dos escribas, os doutores da época, e seguiram a doutrina desses doze trabalhadores, "pessoas simples sem instrução" (At 4,13).

2ª característica: A Comunhão Fraterna

A Comunhão Fraterna indica o *ideal* da vida em comunidade. A comunhão (*koinonia*) nasce do Pai (1Jo 1,3), do Filho (1Cor 1,9), e do Espírito Santo (2Cor 13,13; Fl 2,1), e se traduz no gesto concreto da partilha dos bens (cf. At 2,44; 4,32). Os primeiros cristãos colocavam tudo em comum a ponto de não haver mais necessitados entre eles (At 2,44-45; 4,32.34-35). Assim, cumpriam a Lei de Deus que diz: "Entre vocês não pode haver pobre!" (Dt 15,4).

A partilha indica a atitude de quem não se considera dono dos bens que possui (At 4,32; Rm 15,26; 2Cor 9,13; Fm 6 e 17). O ideal é chegar a uma partilha não só dos bens, mas também dos sentimentos, a ponto de todos se sentirem um só coração e uma só alma (At 4,32; 1,14; 2,46) e chegarem a uma convivência que supera as barreiras provenientes de religião, classe, sexo e raça (cf. Gl 3,28; Cl 3,11; 1 Cor 12,13). Essa *Comunhão* é sagrada. Não pode ser profanada. Quem dela abusa em benefício próprio morre para a comunidade. É a lição do episódio de Ananias e Safira (At 5,1-11).

3ª característica: O Partir do pão

A partilha do pão indica a *fonte* da vida em comunidade. A fração do pão lembrava as muitas vezes que Jesus tinha partilhado o pão com os discípulos e entre os pobres (Jo 6,11). Lembrava as duas vezes que ele tinha multiplicado o pão para o povo (Mt 14,13-21; 15,32-38). Lembrava o gesto de partilha que abriu os olhos dos discípulos de Emaus (Lc 24,30-35).

Significava, sobretudo, o gesto supremo do "amor até o fim" (Jo 13,1), a eucaristia, "a comunhão com o sangue e o corpo de Cristo" (1Cor 10,16), a Páscoa do Senhor (1Cor 11,23-27), memória de sua morte e ressurreição (1Cor 11,26). A fração do pão era feita nas casas e não na majestade do templo (At 2,46; 20,7); era a liturgia "em Espírito e Verdade" (Jo 4,23). Muitas vezes, porém, a realidade ficava abaixo do ideal. Paulo critica os abusos que ocorriam na comunidade de Corinto (1Cor 11,18-22.29-34).

4ª característica: *As Orações*

A participação nas orações indica o *ambiente* da vida em comunidade. Os apóstolos tinham uma dupla tarefa: "permanecer assíduos à oração e ao ministério da palavra" (At 6,4). A *Oração* dava força para eles viverem unidos entre si e a Deus (At 5,12b), sobretudo na hora das perseguições (At 4,23-31). A *Palavra*, a Escritura Sagrada, era o livro de cabeceira, a gramática para poder ler e entender o que Deus estava falando pelos fatos da vida. Era a luz que iluminava o caminho. Quando perseguidos, rezavam e liam a Bíblia (At 4,27-31).

Faziam como Jesus que, pela oração, enfrentava a tentação (Mc 14,32). Pela oração provocaram um novo Pentecostes (At 4,31). Apesar de seguirem um ensinamento diferente do tradicional, os primeiros cristãos não rompiam com os costumes de piedade do povo judeu, mas continuavam frequentando o Templo (At 2,46). Eles eram conhecidos como o grupo que se reunia no pórtico de Salomão "e o povo os elogiava muito" (At 5,12).

b) Dos Santos

Trata-se da comunhão com *todos* os santos, tanto os da terra como do céu. Os Santos não são só aquelas pessoas que foram canonizadas pelas autoridades eclesiásticas. Todos aqueles que procuram viver bem a vida, de acordo com os mandamentos de Deus, participam na santidade divina e podem ser chamados de Santos ou de Santas. O apóstolo Paulo escreve para os membros da comunidade de Corinto: "Todos os santos mandam um abraço para vocês" (2Cor 13,12). E na carta aos Colossenses ele os chama de "santos e amados por Deus" (Cl 3,12). Foi graças à *santa* fidelidade dos homens e das mulheres do Antigo Testamento que Jesus pôde nascer na plenitude dos tempos e realizar para todos nós as promessas de Deus (cf. Gl 4,4; Ef 1,10).

Crer na comunhão dos *santos do céu* não é tão difícil. Mais difícil é entrar e viver em comunhão com os *santos da terra*. A comunhão com os santos da terra depende de dois fatores: você aceitar a comunidade, e a comunidade aceitar você. Depois de sua conversão, Paulo queria entrar em comunhão, mas a comunidade de Jerusalém teve dificuldade em aceitá-lo, pois ele tinha perseguido a igreja (At 9,26). Barnabé se fez de mediador e ajudou tanto a Paulo como à comunidade, para que pudesse acontecer a comunhão entre os dois (At 9,27). Sem a ajuda de Barnabé, Paulo não teria conseguido viver em comunhão. Que Deus nos mande muitos Barnabés!

3. Breve meditação para assimilar este artigo de nossa fé

Para saber como Paulo ajudava a criar comunhão, medite este conselho que ele nos dá:

9º Artigo

⁹ Que o amor de vocês seja sem hipocrisia: detestem o mal e apeguem-se ao bem;
¹⁰ no amor fraterno, sejam carinhosos uns com os outros,
rivalizando na mútua estima.
¹¹ Quanto ao zelo, não sejam preguiçosos; sejam fervorosos de espírito, servindo ao Senhor.
¹² Sejam alegres na esperança,
pacientes na tribulação, perseverantes na oração.
¹³ Sejam solidários com os cristãos em suas necessidades
e se aperfeiçoem na prática da hospitalidade.
¹⁴ Abençoem os que perseguem vocês; abençoem e não amaldiçoem.
¹⁵ Alegrem-se com os que se alegram,
e chorem com os que choram.
¹⁶ Vivam em harmonia uns com os outros.
Não se deixem levar pela mania de grandeza, mas se afeiçoem às coisas modestas.
Não se considerem sábios.
¹⁷ Não paguem a ninguém o mal com o mal; a preocupação de vocês seja fazer o bem a todos os homens.

18 Se for possível, no que depende de vocês, vivam em paz com todos.
19 Amados, não façam justiça por própria conta, mas deixem a ira de Deus agir, pois o Senhor diz na Escritura:
"A mim pertence a vingança; eu mesmo vou retribuir".
20 Se o seu inimigo tiver fome, dê-lhe de comer; se tiver sede, dê-lhe de beber;
desse modo, você fará o outro corar de vergonha.
21 Não se deixe vencer pelo mal,
mas vença o mal com o bem" (Rm 12,9-21).

10º Artigo
Na remissão dos pecados

1. Os conteúdos do décimo artigo

a) Remissão
b) Dos pecados

2. Breve explicitação dos conteúdos do décimo artigo do Credo

a) Na Remissão

A palavra *remissão* tem a ver com o **resgate** a ser feito de acordo com a antiga lei do *goêl*. No AT, caso alguém, por motivo de pobreza ou de dívidas, perdesse sua terra ou fosse vendido como escravo, o parente mais próximo ou o irmão mais velho, chamado **goêl**, devia entregar tudo de si para pagar a dívida e, assim, realizar a remissão ou o resgate do irmão mais novo (Lv 25,23-55; Dt 15,7-18). Desse modo, evitava-se que a convivência comunitária fosse quebrada. Era isto que o povo esperava com o retorno do profeta Elias: "reconduzir o coração dos pais para os filhos e o coração dos filhos para os pais" (Ml 3,23-24; Eclo 48,10), ou seja, restaurar a vida em família e em comunidade.

O termo hebraico *goêl* é tão rico que não tem tradução perfeita em nossa língua. Em nossas bíblias ocorrem termos como: resgatador, libertador, redentor, salvador, consolador, advogado, paráclito, defensor, parente próximo, primogênito, irmão mais velho (cf. Jo 14,15-18; Cl 1,18; Ap 1,5). Todos esses termos, de uma ou de outra maneira, referem-se à ação do **goêl** quando aplicada a Jesus. Jesus é o *goêl*, o primogênito, o irmão mais velho, que entregou sua vida para *resgatar* seus irmãos e suas irmãs, vítimas da escravidão, tanto da religião opressora, como do império romano e do império neoliberal de hoje, para que, novamente, possamos viver em fraternidade.

b) Dos pecados

Na missa dizemos: "Eis o Cordeiro de Deus, que tira o pecado do mundo". Dizemos *pecado* e não *pecados*. Aqui no 10º artigo do Credo se diz remissão dos *pecados*. Existe o pecado, e existem os pecados. A 1ª carta de João fala de "pecado que conduz à morte" e de "pecado que não conduz à morte" (1Jo 5,16-17). O pecado que conduz à morte é aquele pecado que nega o projeto de Deus, nega Jesus, nega tudo, e mata o batismo; o pecador rompe a fraternidade e se coloca fora da comunidade e não quer mais saber de Deus nem de perdão.

O pecado que não conduz à morte são os pecados que ofendem a fraternidade, mas não rompem com Deus, nem negam o projeto de Jesus. O pecador não rompe a fraternidade nem se coloca fora da comunidade. Esses pecados revelam nossa fragilidade e fraqueza. É destes pecados que a Bíblia diz: "Se dizemos que não temos pecado, enganamos a nós mesmos, e a Verdade não está em nós. Se reconhecemos os nossos pecados, Deus, que é fiel e justo, perdoará nossos pecados e nos purificará de toda injustiça. Se dizemos que nunca pecamos, estaremos afirmando que Deus é mentiroso, e sua palavra não estará em nós. Meus filhinhos, eu lhes escrevo tais coisas para que vocês não pequem. Entretanto, se alguém pecou, temos um advogado junto do Pai: Jesus Cristo, o justo. Ele é a vítima de expiação por nossos pecados; e não só os nossos, mas também os pecados do mundo inteiro" (1Jo 1,8 a 2,1-2).

A experiência do perdão que recebemos de Deus deve levar-nos a perdoar o irmão que nos ofende. Jesus diz: "Se ele pecar contra você sete vezes em um só dia, e sete vezes vier a você, dizendo: 'Estou arrependido', você deve perdoá-lo" (Lc 17,4; cf. Mt 6,14-15; 18,21-22). A experiência do amor de Deus que nos acolhe e perdoa levou Paulo a dizer: "Se Deus está a nosso favor, quem estará contra nós? Ele não poupou seu próprio Filho, mas o entregou por todos nós. Como não nos dará também todas as coisas junto com seu Filho?" (Rm 8,31-32).

3. Breve meditação para assimilar este artigo de nossa fé

Medite esta reflexão que o apóstolo Paulo faz na carta aos Romanos. Paulo foi um grande pecador, mas experimentou a grandeza do amor de Deus no perdão que recebeu:

> "Quem nos poderá separar do amor de Cristo?
> A tribulação, a angústia, a perseguição?
> A fome, a nudez, o perigo, a espada?
> Mas, em todas essas coisas,
> somos mais do que vencedores,
> por meio daquele que nos amou.
> Estou convencido de que
> nem a morte nem a vida,
> nem os anjos nem os principados,
> nem o presente nem o futuro, nem os poderes
> nem as forças das alturas ou das profundidades,
> nem qualquer outra criatura,
> nada nos poderá separar do amor de Deus,
> manifestado em Jesus Cristo,
> Nosso Senhor" (Rm 8,35.37-39).

11º Artigo
Na ressurreição da carne

1. Os conteúdos do décimo primeiro artigo

a) Na Ressurreição
b) Da Carne

2. Breve explicitação dos conteúdos do décimo primeiro artigo do Credo

a) Ressurreição

Não é fácil crer na *ressurreição*. Na comunidade de Corinto já havia alguns que não eram capazes de crer na ressurreição. Paulo escreve para eles: "Ora, se nós pregamos que Cristo ressuscitou dos mortos, como é que alguns de vocês dizem que não há ressurreição dos mortos? Se não há ressurreição dos mortos, então Cristo também não ressuscitou; e se Cristo não ressuscitou, nossa pregação é vazia e também é vazia a fé que vocês têm. Mas não! Cristo ressuscitou dos mortos como primeiro fruto dos que morreram. De fato, já que a morte veio por meio de um homem, também por um homem vem a ressurreição dos mortos. Como em Adão todos morrem, assim em Cristo todos receberão a vida" (1Cor 15,12-14.20-22).

E para ajudar os Coríntios a entenderem a ressurreição, Paulo faz uma breve catequese: "Eu lhes transmiti aquilo que eu mesmo recebi, isto é: Cristo morreu por nossos pecados, conforme as Escrituras; ele foi sepultado, ressuscitou ao terceiro dia, conforme as Escrituras; apareceu a Pedro e depois aos Doze. Em seguida, apareceu a mais de quinhentos irmãos de uma só vez; a maioria deles ainda vive, e alguns já morreram. Depois apareceu a Tiago e, em seguida, a todos os apóstolos. Em último lugar apareceu a mim, que sou um aborto" (1Cor 15,3-8).

O que é a Ressurreição? É chegar à plenitude da Criação. É voltar a viver, mas em um corpo glorioso, corpo diferente, que aparece e desaparece, atravessa paredes. É a mesma pessoa, a mesma identidade, que come com os irmãos. É Jesus de Nazaré, o mesmo Jesus de antes da ressurreição, mas agora na condição diferente do "corpo espiritual" (1Cor 15,44).

b) Da carne

A palavra *"carne"* indica nosso corpo. *"O Verbo se fez carne"* (Jo 1,14). É a nossa humanidade com toda a sua fraqueza e suas limitações. Em Jesus, Deus assumiu nossa fraqueza, nossas limitações, nossa morte. Ressuscitado, Jesus encontra-se em outra condição de vida. Vida nova, sem as fraquezas, sem as limitações, sem a morte. Ele aparece e desaparece, atravessa muros que nos separam. Já não depende do espaço nem do tempo. Difícil para nós de entender e de aceitar. Era difícil, sobretudo para os cristãos da Grécia. Quando Paulo, em Atenas, falou para eles a respeito da ressurreição dos mortos, eles deram risada e não quiseram escutar mais (At 17,32). Para a cultura dos gregos, o corpo era uma prisão, e a ressurreição era o mesmo que voltar para a prisão. Por isso, só umas poucas pessoas conseguiram superar os preconceitos da cultura e aceitar a mensagem da ressurreição (At 17,32-34).

Eis como Paulo, na carta aos Coríntios, procura ajudá-los a superar as dificuldades com relação à fé na ressurreição. Ele escreve: "Alguém dirá: 'Como é que os mortos ressuscitam? Com que corpo voltarão?' Insensato! Aquilo que você semeia não volta à vida, a não ser que morra. E o que você semeia não é o corpo da futura planta que deve nascer, mas um simples grão de trigo ou de qualquer outra espécie. A seguir, Deus lhe dá corpo como quer: ele dá a cada uma das sementes o corpo que lhe é próprio" (1Cor 15,35-38). E Paulo continua: "O mesmo acontece com a ressurreição dos mortos: o corpo é semeado corruptível, mas ressuscita incorruptível; é semeado desprezível, mas ressuscita glorioso; é semeado na fraqueza, mas ressuscita cheio de força; é semeado corpo animal, mas ressuscita corpo espiritual. Se existe um corpo animal, também existe um corpo espiritual, pois a Escritura diz que Adão, o primeiro homem, tornou-se um ser vivo, mas o último Adão tornou-se espírito que dá a vida. Portanto, quando este ser corruptível for revestido da incorruptibilidade e este ser mortal for revestido da imortalidade, então se cumprirá a palavra da Escritura: 'A morte foi engolida pela vitória. Morte, onde está a sua vitória? Morte, onde está o seu ferrão?' O ferrão da morte é o pecado, e a força do pecado é a lei. Graças sejam dadas a Deus, que nos dá a vitória por meio de nosso Senhor Jesus Cristo" (1Cor 15,42-45.54-57).

Paulo diz que a semente da vida nova da ressurreição já está em nós dando fruto abundante. Ele a compara com um perfume. Ele escreve: "Graças sejam dadas a Deus, que nos faz participar de seu triunfo em Cristo e que, por meio de nós, espalha o perfume do seu conhecimento no mundo inteiro. De fato, diante de Deus nós somos o bom perfume de Cristo entre aqueles que se salvam e entre aqueles que se perdem" (2Cor 2,14-15). É a ação do Espírito que faz acontecer tudo isso em nós. Alguns compararam o perfume do Espírito com o frasco. Você só sente o perfume, quando se abre o frasco e molha o dedo no perfume. Fechou o frasco, desaparece o perfume! O perfume do Espírito, quem o possui e comunica é só Jesus. Ele é o frasco. Durante os três anos de sua vida missionária, andando pela Palestina, ele abria o frasco muitas vezes: ressuscitou e curou muitas pessoas, e o povo pôde experimentar o bom perfume. Por sua paixão e morte violenta na cruz quebrou-se o frasco e agora, por sua ressurreição, o perfume de Jesus se espalhou no mundo inteiro por meio daqueles que nele acreditam e o seguem.

3. Breve meditação para assimilar este artigo de nossa fé

Aqui vale a pena lembrar como Paulo, ele mesmo, vivia sua fé na ressurreição e como, por meio de suas cartas, irradiava essa fé nas comunidades.

"Na pessoa de Jesus Cristo,
Deus nos ressuscitou
e nos fez sentar no céu" (Ef 2,6).

"Com ele (Jesus), vocês foram sepultados
no batismo,
e nele vocês foram também ressuscitados
mediante a fé no poder de Deus,
que ressuscitou Cristo dos mortos" (Cl 2,11-12).

"A nossa cidadania está lá no céu,
de onde esperamos ansiosamente
o Senhor Jesus Cristo como Salvador.
Ele vai transformar nosso corpo miserável,
tornando-o semelhante ao seu corpo glorioso,
graças ao poder que ele possui
de submeter a si todas as coisas" (Fl 3,20).

"Vocês não sabem que o seu corpo é templo
do Espírito Santo,
que está em vocês e lhes foi dado por Deus?
Vocês já não pertencem a si mesmos.
Alguém pagou alto preço pelo resgate de vocês.
Portanto, glorifiquem a Deus
no corpo de vocês" (1Cor 6,19-20).

12º Artigo
Na vida eterna

1. Os conteúdos do décimo segundo artigo

a) Vida
b) Eterna

2. Breve explicitação dos conteúdos do décimo segundo artigo do Credo

a) Vida

Tudo o que vimos até agora nestes onze artigos do Credo fala da **Vida**. Nosso Deus é o Deus da Vida. Jesus disse: "Eu sou o caminho, a verdade e a vida" (Jo 14,6). "Eu vim para que todos tenham vida e a tenham em abundância" (Jo 10,10). A preocupação de Jesus é com a vida de seu povo.

Será esse também o critério que ele vai adotar, no juízo final, para a pessoa poder ser admitida no Reino: "Venham vocês, que são abençoados por meu Pai. Recebam como herança o Reino que meu Pai lhes preparou desde a criação do mundo. Pois eu estava com fome, e vocês me deram de comer; eu estava com sede, e me deram de beber; eu era estrangeiro, e me receberam em sua casa; eu estava sem roupa, e me vestiram; eu estava doente, e cuidaram de mim; eu estava na prisão, e vocês foram me visitar. Então os justos lhe perguntarão: 'Senhor, quando foi que te vimos com fome e te demos de comer, com sede e te demos de beber? Quando foi que te vimos como estrangeiro e te recebemos em casa, e sem roupa e te vestimos? Quando foi que te vimos doente ou preso, e fomos te visitar?' Então o Rei lhes responderá: 'Eu garanto a vocês: todas as vezes que vocês fizeram isso a um dos menores de meus irmãos, foi a mim que o fizeram'" (Mt 25,34-40).

Foi isso que ele mesmo fez durante os três anos que andou pela Palestina. Imitou o próprio Deus, seu Pai, cuja ação em favor da vida é descrita da seguinte maneira no salmo:

⁵ Feliz quem se apoia no Deus de Jacó,
  quem põe a esperança em Yahweh seu Deus:
⁶ foi ele quem fez o céu e a terra,
  o mar e tudo o que neles existe.
  Ele mantém para sempre a verdade:
⁷ fazendo justiça aos oprimidos,
  dando pão aos famintos;
  Yahweh liberta os prisioneiros,
⁸ Yahweh abre os olhos dos cegos,
  Yahweh endireita os curvados,
  Yahweh ama os justos
⁹ Yahweh protege o estrangeiro,
  sustenta o órfão e a viúva;
  mas transtorna o caminho dos ímpios.
¹⁰ Yahweh reina para sempre,
  teu Deus, ó Sião, de geração em geração!
  (cf. Sl 146,5-10).

b) Eterna

Vida eterna. A palavra eterna tem a ver com o tempo: *chronos* e *kairós*. O primeiro é o tempo humano. O *kairós* é o tempo de Deus. O tempo de Deus é diferente. São Pedro diz que para Deus mil anos é um dia e um dia é mil anos (2Pd 3,8).

3. Breve meditação para assimilar este artigo de nossa fé

Salmo 1 e Salmo 150. Salmo 1 fala da observância da Lei do Senhor. O Salmo 150 fala do louvor e da festa total. Os dois polos da oração: observância e louvor, luta e festa, eficiência e gratuidade. Salmo 1 indica o ponto de partida da oração. Salmo 150 descreve o ponto de chegada da oração.

Salmo 1: Caminhar e lutar nesta vida
1. Feliz o homem
que não anda no conselho dos ímpios,
não para no caminho dos pecadores,
nem se assenta na roda dos zombadores.
2. Pelo contrário:
seu prazer está na lei de Yahweh,
e medita sua lei, dia e noite.
3. Ele é como árvore plantada junto da água corrente:
dá fruto no tempo devido
e suas folhas nunca murcham;
tudo o que ele faz é bem sucedido.

⁴ Não são assim os ímpios!
 Pelo contrário:
 são como a palha que o vento dispersa...
⁵ Por isso os ímpios não ficarão de pé no julgamento,
 nem os pecadores no conselho dos justos.
⁶ Sim! Yahweh conhece o caminho dos justos,
 mas o caminho dos ímpios leva à ruína.

Salmo 150: Viver e cantar para sempre na outra
¹ Aleluia!
 Louvai a Deus no seu santuário,
 louvai-o em seu poderoso firmamento.
² Louvai-o por seus grandes feitos,
 louvai-o por sua grandeza imensa.
³ Louvai-o com o toque das trombetas,
 louvai-o com cítara e harpa;
⁴ louvai-o com tambor e danças,
 louvai-o com cordas e flautas.
⁵ Louvai-o com címbalos sonoros,
 louvai-o com címbalos retumbantes.
⁶ Todo ser que respira louve a Yahweh.
 Aleluia!

Amém

Ao dizer *Amém* eu estou afirmando:
É isso mesmo! É Verdade! No duro! Apoiado!

Este livro foi composto com as famílias tipográficas Bree e Segoe
e impresso em papel Offset 63g/m² pela **Gráfica Santuário.**